T0307988

One Floor Houses

© 2019 Instituto Monsa de ediciones.

First edition in September 2019 by Monsa Publications,
Carrer Gravina 43 (08930) Sant Adrià de Besós.
Barcelona (Spain)
T +34 93 381 00 50
www.monsa.com monsa@monsa.com

Editor and Project director Anna Minguet
Art director and Cover design Eva Minguet
Layout Marc Giménez (Monsa Publications)
Cover and back cover image by SFX House
Printed by Grupo Grafo

Shop online:
www.monsashop.com

Follow us!
Instagram: @monsapublications
Facebook: @monsashop

ISBN: 978-84-17557-06-5
D.L. B 19408-2019

All rights reserved. No part of this book may be used or reproduced in any manner whatsoever without written permission except in the case of brief quotations embodied in critical articles and reviews. Whole or partial reproduction of this book without the editor's authorisation infringes reserved rights; any utilization must be previously requested.

"Queda prohibida, salvo excepción prevista en la ley, cualquier forma de reproducción, distribución, comunicación pública y transformación de esta obra sin contar con la autorización de los titulares de propiedad intelectual. La infracción de los derechos mencionados puede ser constitutiva de delito contra la propiedad intelectual (Art. 270 y siguientes del Código Penal). El Centro Español de Derechos Reprográficos (CEDRO) vela por el respeto de los citados derechos".

One Floor Houses

monsa

INTRO

Houses without stairs or obstacles, all distributed on the same floor, lounge
area, dining room, bedrooms, kitchen and service facilities.
They stand out for their spaciousness in all rooms, both exterior and interior.
Having a house distributed on one level is going for comfort and something
that gives a special personality to the house, providing air and natural light
thanks to this open design concept.

The advantages of these houses are innumerable. In addition to the
comfort they provide they adapt to much tighter construction budgets
than a multi-story house. With the right design they are not only visually
more attractive but more efficient in terms of space. The staircases
occupy valuable space of the total area of the house. Added to this is the
flexibility of expansion and ease of maintenance. Unlike a multi-storey
house, electrical and plumbing installations with great simplicity and can be
replaced or modified easily and quickly.

Viviendas sin escaleras ni obstáculos, todo distribuido en una misma planta, zona
de salón, comedor, dormitorios, cocina y dependencias de servicio. Destacan por
su amplitud en todas las estancias, tanto exteriores como interiores. El poder
disponer de una vivienda que se distribuya en un solo nivel es una apuesta por la
comodidad, y algo que da una personalidad especial a la casa, proporcionando
aire y luz natural gracias a este concepto de diseño abierto.

Las ventajas de estas casas son innumerables. Además del confort que
facilitan, se adaptan a presupuestos mucho más ajustados de construcción
que el de una casa de varios niveles. Con el diseño correcto, no solo son más
atractivas visualmente, sino que son más eficientes en cuanto al espacio. Las
escaleras ocupan unos valiosos metros del área total de la casa. A esto se le
añade la flexibilidad de expansión y facilidad de mantenimiento. A diferencia
de una casa de varias plantas, las instalaciones eléctricas y de fontanería se
constituyen con gran simplicidad, pudiendo ser reemplazadas o modificadas de
forma fácil y rápida.

INDEX

RESIDENCE IN KISHIGAWA

Matsunami Mitsutomo
Kishigawa, Japan
© Matsunami Mitsutomo

The owner, a car-loving chef from Wakayama, wanted a well-ventilated home with oblique views of the countryside... and his garage. The solution came in the form of a one-storey building arranged around a central courtyard that serves as access, hallway and atrium, as well as flooding each of the rooms with natural light.

El propietario, un chef de Wakayama amante de los coches, propuso un hogar aireado con vistas oblicuas al paisaje... y a su garaje. La solución llegó en forma de edificio de una sola planta, dispuesta en torno a un patio central que sirve de acceso, distribuidor y atrio, y que inunda de luz natural cada una de las estancias.

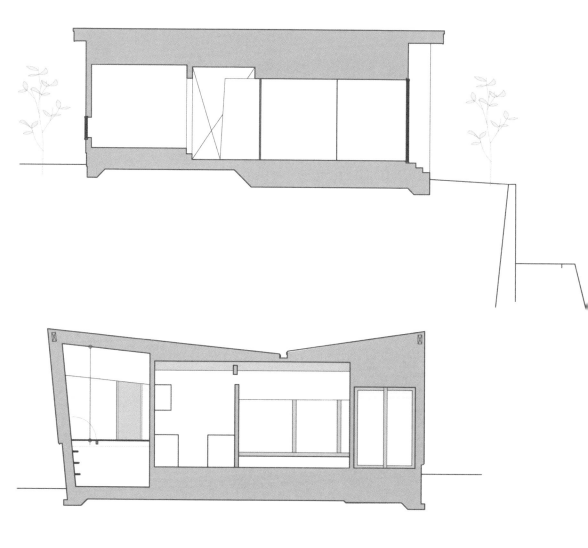

Cross and longitudinal sections

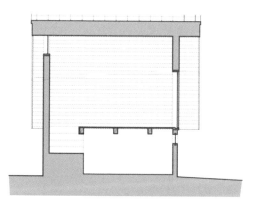

The rather formal planting scheme defines the outside doma steps, obstructing neither ambulation nor the entry of natural light.

La vegetación, poco exuberante y debidamente distribuida, delinea los pasos exteriores sin obstruir la circulación ni la entrada de luz natural.

The combination of exterior rice paper panels and interior curtains is an efficient way of isolating spaces, filtering light and regulating temperature.

La combinación de paneles de papel de arroz exteriores y cortinas interiores es un modo eficiente de aislar espacios, filtrar la luz y regular la temperatura.

14

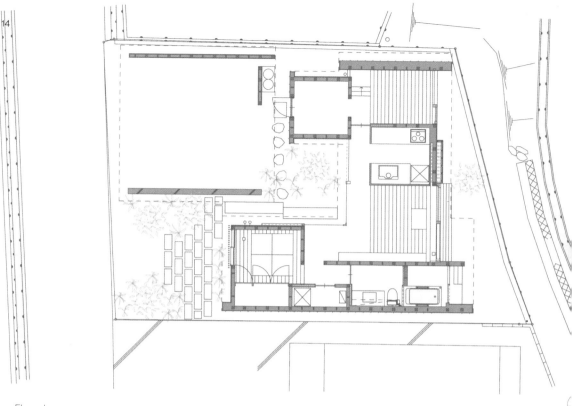

Floor plan

JUNIPER HOUSE

Murman Architect
Gotlans, Sweeden
© Hans Murman

This house is not merely a weekend residence but has been conceived as an experiment in the middle of woodland which actually serves as a mirror to reflect the surroundings. A photograph of the local pine trees has been printed on a vinyl sheet 35 metres wide and 3 metres high and covering three of the house's four walls. A steel structure keeps the vinyl at a distance of 40cm from the façade which it protects from rain and wind and at the same time helping to provide a natural means of regulating the temperature. On the North and South façades, the vinyl covering protects the house from the open spaces, conceals the outside shower and preserves indoor privacy. An climbing ivy, typical of the region, has been planted on the back of the house. If this ivy manages to grow over the vinyl, the façade will be transformed into something of a green carpet. This not being the case, the vinyl sheet will be recycled and replaced by another.

Más que una residencia de fin de semana, esta casa ha sido concebida como un experimento situado en medio de un bosque, ya que actúa como espejo de los alrededores. Sobre una tela vinílica de 35m de ancho y 3m de altura, se ha impreso una foto de los pinos de la zona que envuelve tres de las cuatro fachadas laterales de la casa. Una estructura de acero sostiene la tela a una distancia de 40cm respecto a la fachada y la protege de la lluvia y el viento, al tiempo que ayuda a regular de forma natural la temperatura. En las fachadas Sur y Norte, la tela resguarda esta casa de espacios abiertos y esconde la ducha exterior, manteniendo la privacidad en el interior. En la parte posterior de la vivienda, se ha plantado una hiedra típica de la zona. Si esta planta logra crecer sobre la tela, la fachada se convertirá en un tapiz verde. De no ser así, esta tela será reciclada y sustituida por otra.

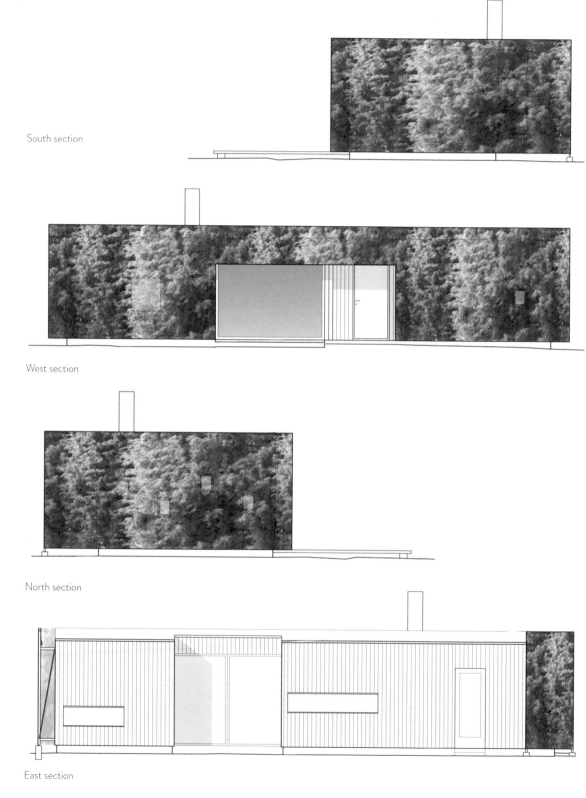

South section

West section

North section

East section

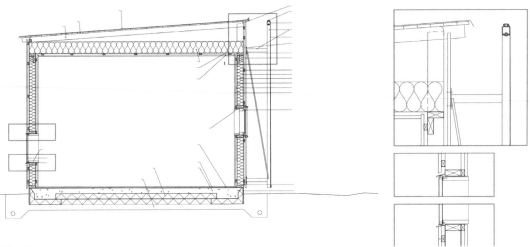

Façade section

Through the façade, the architect has experimented with colour, transparency and texture, but what can also be perceived through this and not in a house is the way in which this affects the experience of living indoors.

Mediante la fachada, el arquitecto ha experimentado con el color, la transparencia y la textura, pero también con aquello que se puede ver y lo que no en una casa y el modo en que esto afecta a la experiencia vivida en el interior.

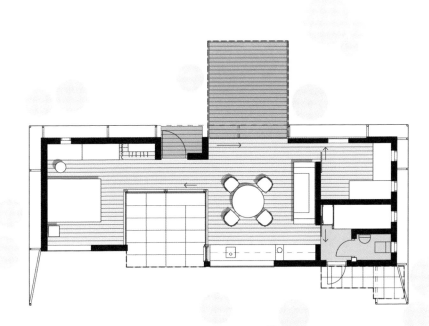

Floor plan

BERA HOUSE

J. Lekuona Errandonea, Xavier Arruabarrena Oiarbide, Julen Leuona Errandonea
Bera, Spain
© Gogortza & Llorella

The house, designed on one floor, allows easy access to all rooms. For this reason an attempt was made to build on the highest part of the land. The building is made up of three sections. The first volume is the living area, which has the shape of an elongated and prolonged right angle. The other two areas of the house, located on the same level, have a gym and a garage.

As an additional advantage, rainwater, common in the region, can be collected in a 10 cubic metre tank and used to water the garden. A flat roof was used for the adjacent areas.

La casa, diseñada en una sola planta, permite un fácil acceso a todas las habitaciones. Por esta razón, se procuró construir en la parte más elevada del terreno. El edificio está conformado por tres secciones. El primer volumen es la zona de estar, que tiene la forma de un ángulo recto alargado y prolongado. Las otras dos áreas de la casa, situadas en el mismo nivel, albergan una sala de preparación física y un garaje.

Como ventaja adicional, el agua de lluvia, frecuente en la región, puede ser recogida en un depósito de 10 metros cúbicos y emplearse para regar el jardín. Para las zonas adyacentes se utilizó un tejado plano.

The wide corridor forms the centre of the house. A north-facing corridor splits into two to form the kitchen and the bathroom. The living room and two bedrooms occupy the southern part of the house.

Thanks to the large openings in its south façade the house has natural light all year round. The exterior façade is made of dark wood that conserves the heat of the solar rays in winter and, consequently, reduces the energy costs.

El amplio corredor constituye el centro de la vivienda. Un pasillo orientado al norte se bifurca para formar la cocina y el cuarto de baño. El salón y dos dormitorios ocupan la parte sur de la vivienda.

Gracias a las grandes aberturas de su fachada sur, la casa tiene luz natural todo el año. La fachada exterior está hecha de madera oscura que conserva el calor de los rayos solares en invierno y, por consiguiente, reduce los costes de energía.

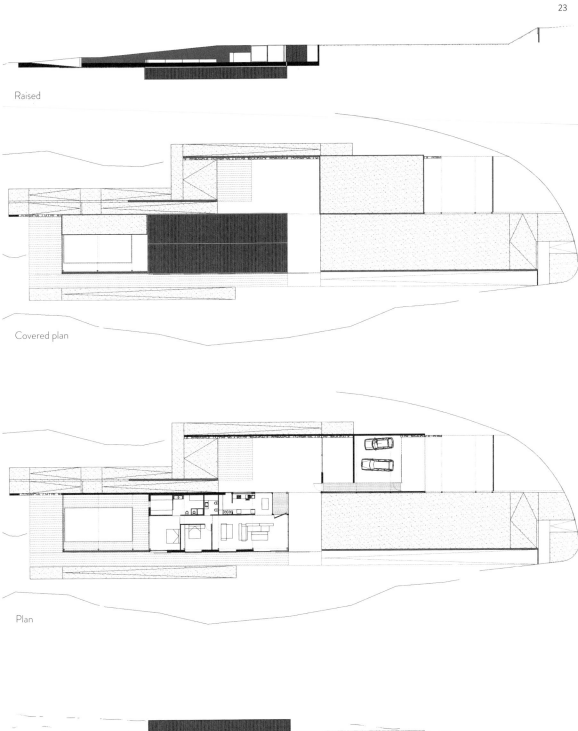

Raised

Covered plan

Plan

Raised

DRY HOUSE

Ad-hoc MSL
Murcia, Spain
© David Frutos, Ad-hoc MSL

Many diverse factors had to be taken into consideration to design the "Dry House". The weather conditions of the region played a decisive role, since the house is located in one of the driest areas of Europe.

Due to these weather conditions the building is north-south facing. This allows the house to be protected from the sun intensity at midday. The bedrooms receive the morning light while the living areas receive the light of the dusk.

The house was designed on a single floor, with a projecting angle on the far right and a corridor in the middle from which individual rooms are accessed.

Muchos y diversos factores tuvieron que tomarse en consideración para diseñar la "Dry House". Las condiciones climatológicas de la región jugaron un papel decisivo, pues la casa está situada en una de las zonas más secas de Europa.

Debido a estas circunstancias climatológicas, el edificio se orienta de norte a sur. Ello permite que la casa esté resguardada de la intensidad solar del mediodía. Los dormitorios reciben la luz de la mañana, mientras que las zonas de estar reciben la luz del atardecer.

La casa fue diseñada en una única planta, con un ángulo saliente en el extremo derecho y un pasillo en el centro desde el que se accede a las habitaciones individuales.

The structure of the house was finished in reinforced concrete. The lattice metal plates protect against the sun like shutters that, by allowing the passage of light, form an interesting pattern.

La estructura de la vivienda fue acabada en hormigón reforzado. Las planchas de metal enrejado protegen del sol a modo de contraventanas que, al permitir el paso de la luz, forman un interesante dibujo.

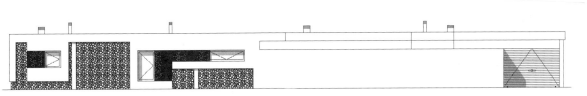

North elevation

West elevation

East elevation

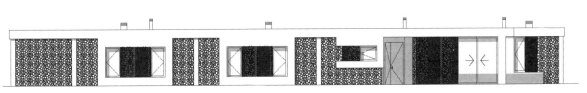

South elevation

Graphic scale 1/200 (1cm = 2cm)

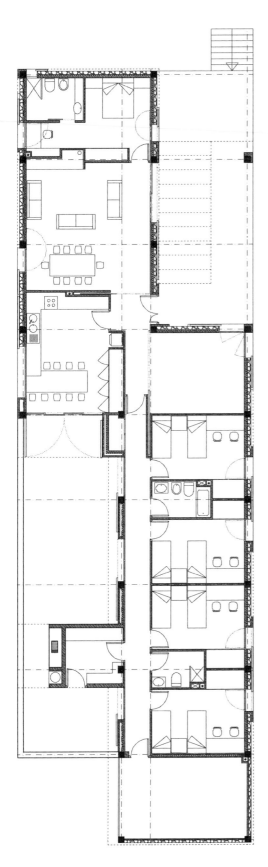

The hall area, finished in reinforced concrete painted white, protects from the intense midday sun. Lattice metal shutters create contrast, are flexible and can slide depending on the intensity of the sun. The patio is located next to the living area. The roof is extended to protect from the intense sun and provide shade when necessary. The wall of the corridor that leads to the interior patio is made of opaque glass pebbles that allow the passage of natural light.

La zona del vestíbulo, acabada en hormigón reforzado pintado de blanco, protege del sol intenso del mediodía. Las contraventanas de metal enrejado crean contraste, son flexibles y pueden deslizarse dependiendo de la intensidad del sol. El patio está ubicado junto a la zona de estar. El tejado se prolonga para proteger del sol intenso y dar sombra cuando sea necesario. La pared del pasillo que lleva al patio interior está hecha de guijarros de vidrio opacos que permiten el paso de la luz natural.

BESONÍAS ALMEIDA HOUSE

María Victoria Besonías & Guillermo de Almeida
Villa Udaondo, Ituzaingó, Argentina
© Gustavo Sosa Pinilla

Necessity can be a great incentive and that is what this house was born from. Belonging to the most preeminent residents of this corner of Buenos Aires, it is located in a secluded area so security was a priority. The omnipresence of concrete, the austerity of the space and the angular, geometric lines are not just for aesthetic purposes, they have a role to fulfil.

La necesidad hecha estímulo: he ahí el origen de esta casa. Ubicada en una zona apartada, y con el agravante audaz de pertenecer a los primeros residentes de este rincón de Buenos Aires, la seguridad era lo prioritario. Aquí, la omnipresencia del hormigón, la austeridad del espacio y la geometría rectilínea tienen más que una responsabilidad estética, se hallan al servicio de una causa.

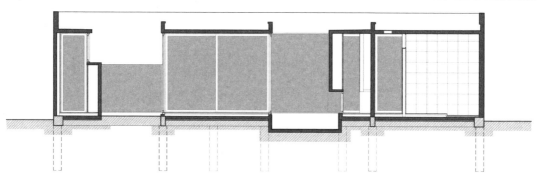

Section 1

1   5

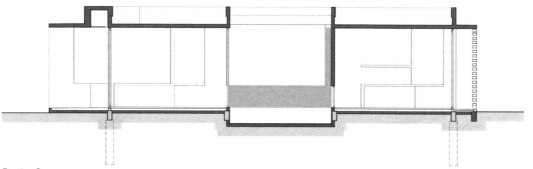

Section 2

1   5

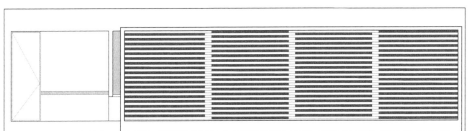

Southeast elevation

1   5

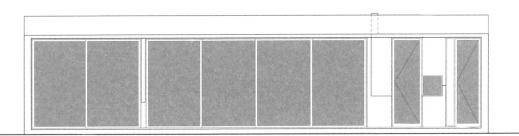

Northwest elevation

1   5

34

Inner courtyards are a must, given the house's impenetrable nature. This is not simply about light! It is also oxygen: a way of enabling every space to breathe.

Los patios interiores son ineludibles, dado el hermetismo de la casa. ¡No solo se trata de luz! Es también oxígeno: la posibilidad de ventilar cualquier espacio.

1. Green patio
2. Water patio

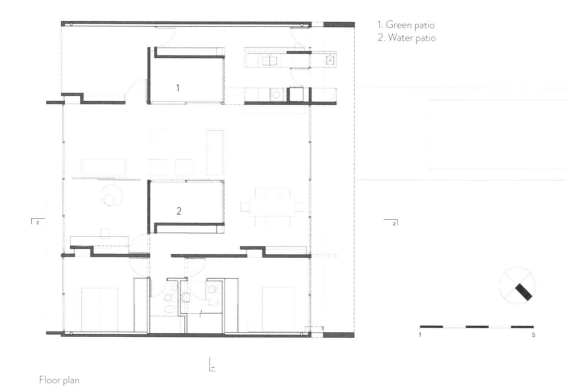

Floor plan

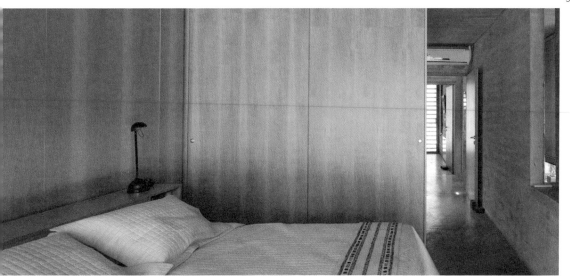

The safety challenge inspired the project, the house has only two open façades. The two side walls are solid, unbroken planes.

El reto de la seguridad inspiró el proyecto, la casa cuenta únicamente con dos fachadas abiertas. Las paredes laterales son dos muros sin resquicios.

LAKE SAYMOUR GETAWAY

UCArchitect
Marmora, Canada
© UCArchitect

This refuge, perfectly visible from the access road, is located in the picturesque region of Peterborough. The house enjoys spectacular views over the lake (from where it can hardly be seen) and the local trees, mainly pine and cedar.

A wooden L shaped panel indicates the access and traces a circular route through the façade. The link between inside and outside is accentuated by skylights, eaves and large openings in place of windows.

Various strategies relating to sustainability have been applied, such as cross ventilation, radiant floor heating, reinforcements to the insulation and passive solar energy. Special care has also been taken to create the least possible impact on the terrain and to preserve the surrounding trees and shrubbery.

The project is designed to preserve the identity and character of the environment, on a suitable scale and with reduced surface areas, all of which makes the climatization, the lighting and cleaning the home, all the more easy.

Este refugio, perfectamente visible desde el camino de acceso, se encuentra en la pintoresca región de Peterborough. La casa disfruta de unas espectaculares vistas al lago (desde el que apenas se puede ver) y de los árboles de la zona, principalmente pinos y cedros.

Una pantalla de madera en forma de L señala el acceso y traza un camino circular a través de la fachada. El vínculo entre el interior y el exterior queda acentuado mediante claraboyas, aleros y grandes aberturas que sustituyen a las ventanas.

Se han aplicado diversas estrategias de sostenibilidad, como una ventilación cruzada, un suelo radiante, unos refuerzos en los aislamientos y una energía solar pasiva. Asimismo, se ha tenido un cuidado especial en causar el mínimo impacto posible sobre el terreno, y en preservar los árboles y arbustos del entorno. El proyecto preserva la identidad y el carácter del entorno, con una escala apropiada y unos espacios de superficies reducidas que hacen más fácil el acondicionamiento, la iluminación y la limpieza de la vivienda.

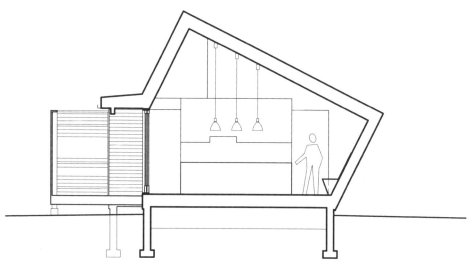

Section

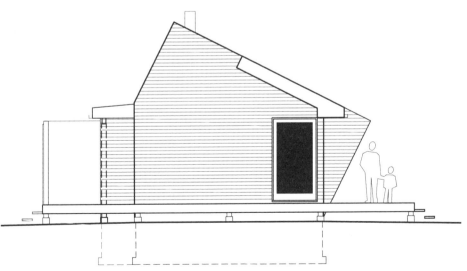

Section

The interiors have been designed around a central nucleus which integrates the kitchen and bathroom. The only division is created by three sliding doors which can be combined in various ways.

Se ha configurado el espacio interior alrededor de un núcleo que integra la cocina y el baño. Las únicas separaciones son tres puertas correderas que se pueden combinar de múltiples formas.

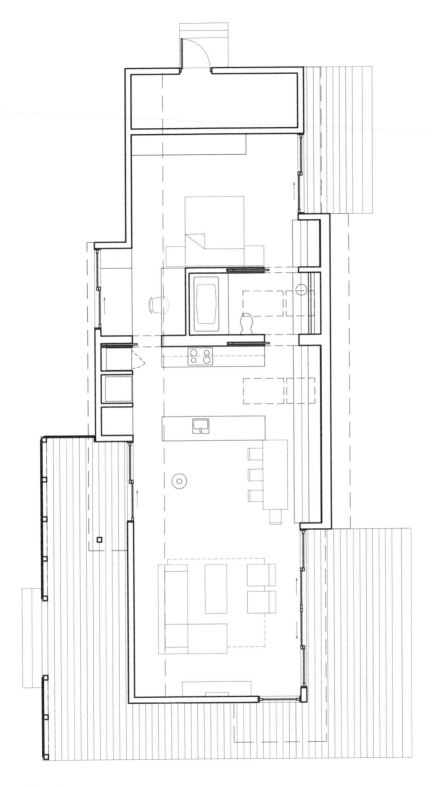

Floor plan

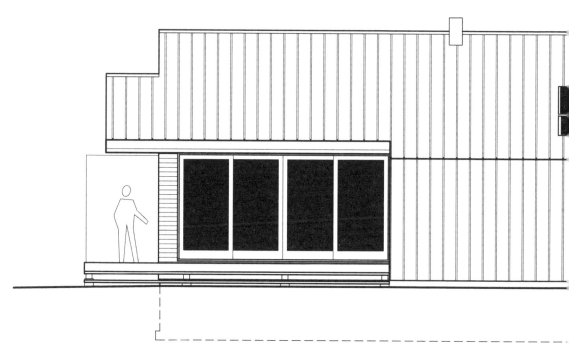

Elevation

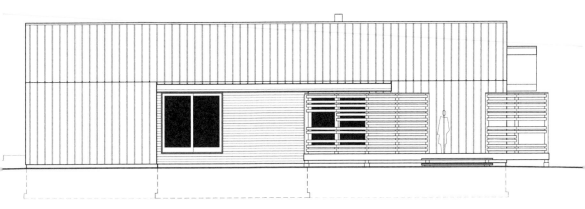

Elevation

HOUSE Nº5

Claesson Koivisto Rune Architects
Nacka, Sweden
© Åke Eson Lindman

The minimalist house is built on one floor and on high concrete foundations, which creates a continuous and harmonious relationship with the environment. The house, built on a kind of pedestal, has fantastic views. The façade is covered in black wood, and next to the windows, as an informal note, is a large number 5. The customer commissioned this detail as a logo that not only gave the house its name but was repeated as a decorative element in the living room.

La casa minimalista está construida en una sola planta y sobre unos cimientos elevados de hormigón, lo que crea una relación continua y armoniosa con el entorno. La vivienda, al estar construida sobre una especie de pedestal, tiene unas vistas fantásticas. La fachada está revestida en madera negra, y junto a las ventanas, como nota informal, se exhibe un número 5 de grandes dimensiones. El cliente encargó este detalle como un logotipo que no solamente diera a la casa su nombre, sino que se repitiese como elemento decorativo en el salón.

The windows created face the four points of
the compass. This makes it possible to enjoy the
almost unspoiled environment from every place in
the house.

Las ventanas creadas están orientadas hacia
los cuatro puntos cardinales. Ello hace posible
disfrutar del entorno casi virgen desde cada lugar
de la casa.

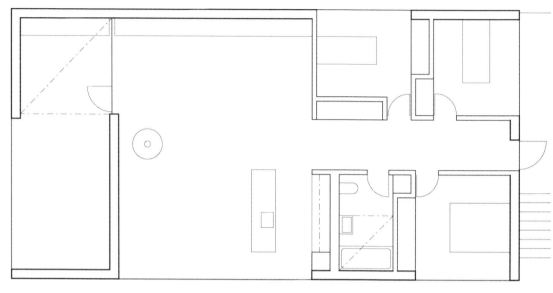

Plan

The architect based himself on the concept of a geometric body the structure of which is as important as the interior. In this way, the architect's design can be interpreted either like a box with openings or like a room with demarcations.

The distribution of the rooms was determined taking as a basic pattern the parameters of the standard size of the construction materials. The dimensions of the three bedrooms, the dining room, the living room and the kitchen were established according to this pattern.

El arquitecto se basó en el concepto de un cuerpo geométrico cuya estructura exterior es tan importante como la interior. De este modo, el diseño del arquitecto puede ser interpretado o bien como una caja con aberturas o bien como una habitación con demarcaciones.

La distribución de las habitaciones se determinó tomando como patrón básico los parámetros del tamaño estándar de los materiales de construcción. Las dimensiones de los tres dormitorios, el comedor, el salón y la cocina se establecieron según este patrón.

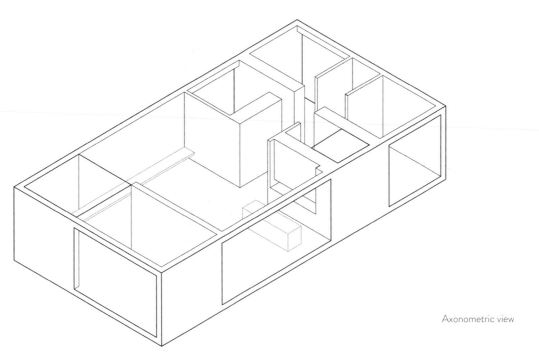

Axonometric view

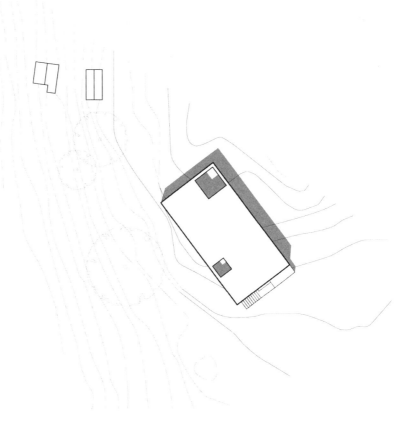

Site map

Only the range of white has been used in the interior rooms.

As if it were an extension of the corridor, the kitchen, dining room and living room are not separated, but show continuity. The use of natural materials, such as wood, creates a warm atmosphere, while respecting the sleek decoration. The black cast-iron chimney constitutes a contrasting central element.

En las habitaciones interiores se ha empleado únicamente la gama del color blanco.

Como si se tratase de una ampliación del pasillo, la cocina, el comedor y el salón no están separados, sino que muestran continuidad. El uso de materiales naturales, como la madera, crea un ambiente cálido, aunque respetando la pulcritud de la decoración. La chimenea negra de hierro colado constituye un elemento central contrastante.

Only the bathroom is not open to the outside. This is compensated by a skylight placed on the roof through which the light enters. The glass cladding of the living room creates continuity with the semi-enclosed terrace. The cladding continues through the roof, allowing you to see the sky.

Únicamente el cuarto de baño no queda abierto hacia el exterior. Ello queda compensado por una claraboya colocada en el techo por la que entra la luz. El revestimiento de cristal del salón crea continuidad con la terraza semicerrada. El revestimiento continúa por el techo, lo que permite ver el cielo.

KASSIR RESIDENCE

Saab Architects
Eshbol, The Negev, Israel
© Saab Architects

Designed as the house of the owner's dreams for retirement, the building stands as a leisure area that understands well the needs of its owner: someone whose children have left home but who enjoys constant visits from his grandchildren. The house's commitment to being cosy, spacious and happy is clear. A cool place in the desert. A refuge.

Diseñada como la casa que soñaba su propietaria para cuando se jubilara, el edificio se erige como una zona de ocio que conoce bien las necesidades de su dueña: alguien cuyos hijos ya han marchado del hogar pero que recibe las visitas constantes de sus nietos. La casa se sabe con el compromiso de ser acogedora, espaciosa y alegre. Un lugar fresco en medio del desierto. Un refugio.

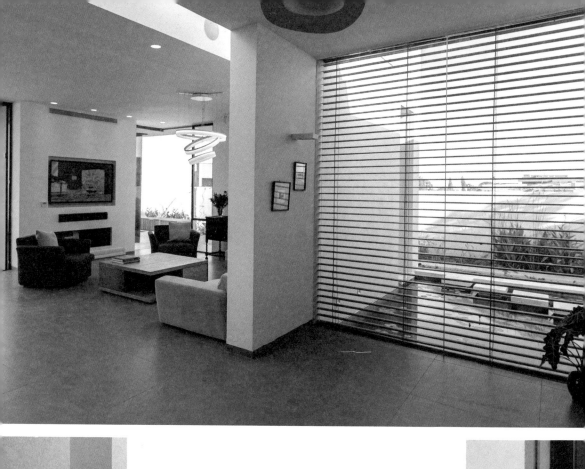

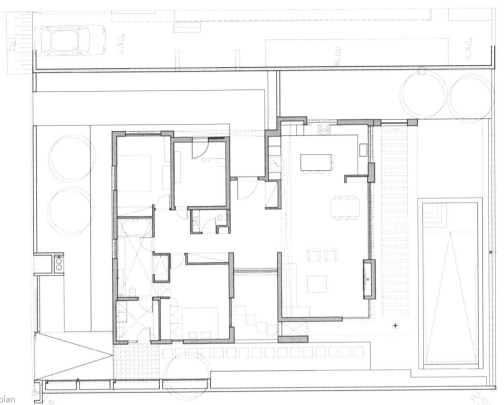

Floor plan

Located in the desert, the house is surrounded by water to combat the atmosphere. There are two pools: one is ornamental and the other for swimming.

Se encuentra emplazada en medio del desierto, así que la casa se rodea de agua para combatir su atmósfera. Son dos piscinas: una ornamental y otra para nadar en ella.

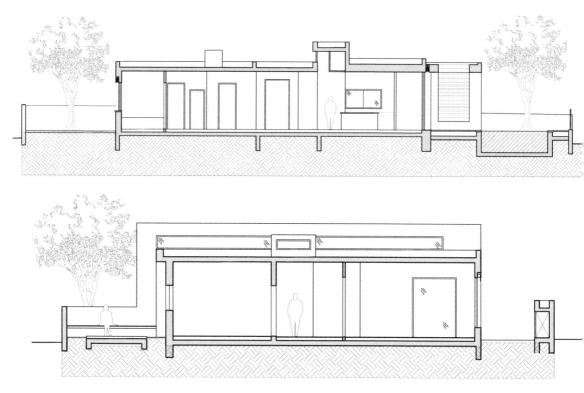

Sections

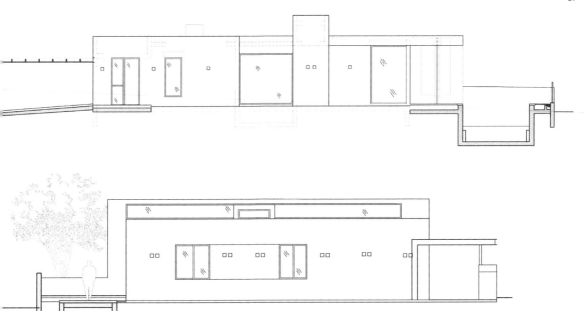

Elevations

SFX HOUSE

Nitsche Associated Architects
Sao Francisco Xavier, Brazil
© Nelson Kon

The undeniable importance of the environment. The house is charming, immersed in a landscape that is, in the words of the architects, «a sea of mountains» with valleys, waterfalls and even a sky that seems vitally important, different somehow from other places. Rectilinear, spacious and open in a visceral way, the building almost disappears and what remains is its surroundings.

La importancia incontestable del entorno. Sumergida en un paisaje que es, en palabras del estudio, «un mar de montañas», y que incluye valles y cascadas, y hasta un cielo que se siente de una importancia vital, distinto al de otros parajes, la casa se rinde al encanto. Rectilíneo, espacioso y abierto de un modo visceral, el edificio casi desaparece, y lo que queda es el alrededor.

Perspective view

Ground floor plan

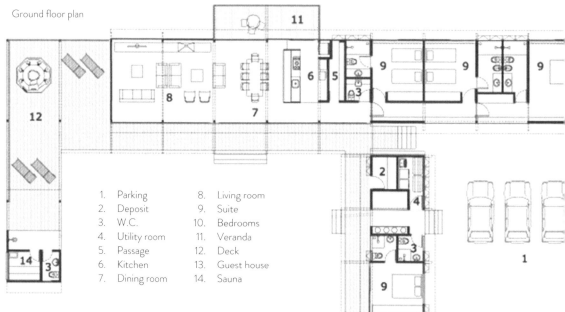

1.	Parking	8.	Living room
2.	Deposit	9.	Suite
3.	W.C.	10.	Bedrooms
4.	Utility room	11.	Veranda
5.	Passage	12.	Deck
6.	Kitchen	13.	Guest house
7.	Dining room	14.	Sauna

Almost every room in the house is orientated to the views: not just the bedrooms and dining room but also the kitchen and bathrooms.

Casi todas las estancias de la casa se encaran hacia las vistas; los dormitorios y el comedor, por supuesto, pero también la cocina y los baños.

Section

JOSHUA TREE

Hangar Design Group
Several locations
© Hangar Design Group

This mobile home, designed to serve as a holiday home in a mountainous region, harks back to those alpine refuges with their ridged roofs and spectacular panoramic views. The exterior cladding is comprised of steel, zinc and titanium applied in large sheets using the same methods used for traditional wooden tiles. In time, these materials will gradually corrode giving the structure a darker appearance.

The architects have placed great emphasis on sustainability. The property's main structure is in laminated steel, a completely recyclable material and this being a prefabricated house also means there is no construction waste.

Esta casa móvil, concebida como residencia de vacaciones en una zona montañosa, recupera el espíritu de los refugios alpinos con sus tejados a dos aguas y hermosas panorámicas. El revestimiento exterior está compuesto de acero, zinc y titanio aplicado en grandes láminas mediante el método de colocación de las tradicionales tejas de madera. Con el paso del tiempo, este material se irá oxidando y aportará a la estructura una tonalidad más oscura.

Los arquitectos han puesto un gran énfasis en la sostenibilidad. La estructura principal de la casa es de acero laminado, un material completamente reciclable. Al tratarse de una casa prefabricada, su construcción no genera residuos.

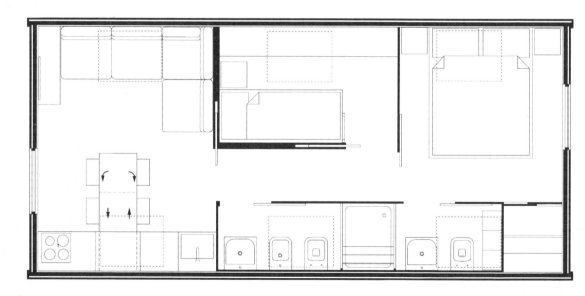

Distribution

Designed to accommodate three or four people, the property includes two bedrooms with en suite bathrooms and a combined lounge, dining room and kitchen. The water, electricity and waste disposal systems have been designed so as to not leave any traces in the terrain once the structure has been moved to another location.

Diseñada para tres o cuatro personas, la casa consta de dos dormitorios con baño propio y un espacio con salón, comedor y cocina. Los sistemas de agua, luz y eliminación de desperdicios han sido diseñados para que no dejen ningún tipo de huella en el terreno una vez que la estructura se haya trasladado a otro lugar.

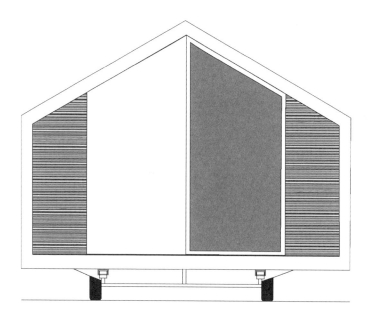

Elevation

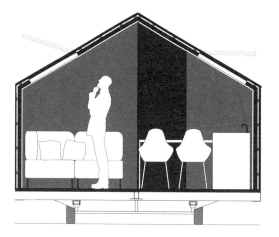
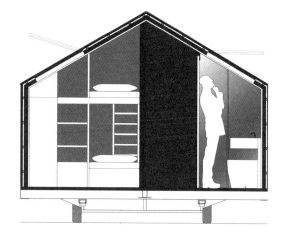

Section

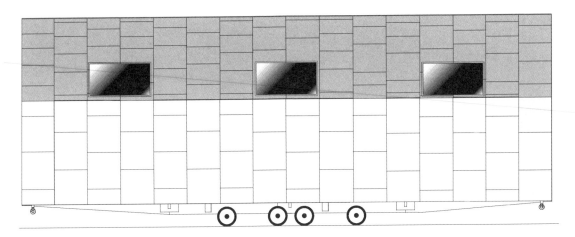

Elevation

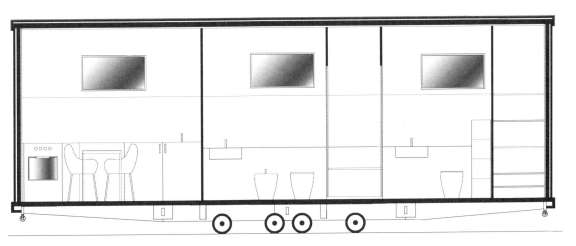

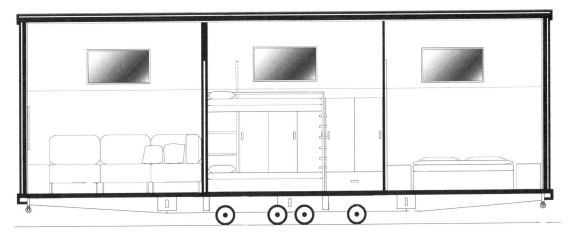

Section

SUMMER HOUSE IN THE WOODS

Besonías Almeida Kruk
Mar Azul, Argentina
© María Masieri/Photo Nider

This house, partially elevated on a gently sloping terrain, was based on limiting the impact on the landscape, adjusting to a low budget and reducing maintenance as much as possible.

The house, measuring 75m², was resolved with two large concrete slabs containing two rooms: a glazed meeting space and surrounded by a large terrace, and another, more protected, for bedrooms, bathroom and kitchen.

Esta casa, parcialmente elevada sobre un terreno de pendiente suave, se basó en las premisas de limitar el impacto en el paisaje, ajustarse a un bajo presupuesto y reducir al máximo el mantenimiento.

La vivienda, de 75m², fue resuelta con dos grandes losas de hormigón que contienen dos ambientes: un espacio de reunión vidriado y rodeado de una gran terraza, y otro, más protegido, destinado a los dormitorios, el baño y la cocina.

The texture and colour of the concrete of the roof, as well as the large glass planes of the common area, make up the main volume in the wooded environment.

The house can be accessed through any of the sliding doors that lead into to the open space of the living room.

La textura y el color del hormigón de la cubierta, así como los grandes planos de vidrio de la zona común, integran el volumen principal en el entorno boscoso.

Se puede acceder a la vivienda por cualquiera de las puertas correderas que dan al espacio abierto de la sala.

Cross section

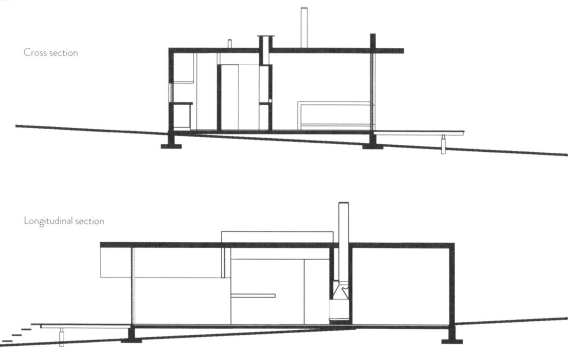

Longitudinal section

The finishing for the interior and exterior concrete consisted only of manual hand sanding, which considerably reduced the project costs and its execution time. To optimise the natural light an opening was made on the central area of the house.

El acabado para el hormigón del interior y del exterior consistió únicamente en un lijado a mano, lo que redujo considerablemente los costes del proyecto y su tiempo de ejecución. Para optimizar la luz natural se practicó una abertura sobre la zona central de la vivienda.

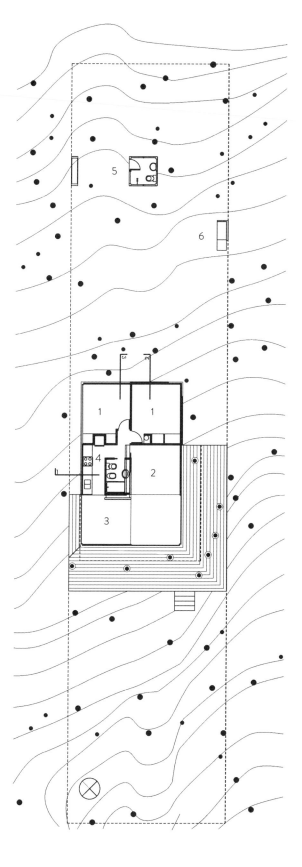

1. Bedroom
2. Living room
3. Dinning room
4. Kitchen
5. Service
6. Grill

Site map

POB_62

Counson Architectes
Houffalize, Belgium
© Laurent Brandajs, Counson Architectes

POB_62, of 62 m², is based on the repetition of a minimum unit of 125 by 625cm, so that the sum of new units allows creating larger houses without modifying the basic characteristics of the building.

With the exception of the base, POB_62 is built entirely of wood and consists of two volumes arranged in a linear fashion. These two parts are connected by a glazed area, covered with the same slats that finish the two bodies on the open façades. A continuous layer of larch wood, installed like scales, covers the roof and the opaque façades. The interior is covered with wood chipboard, except the central block, which hides the bathroom. This separates the day area from the night area and receives natural light thanks to its location, in that is consistent with the point of union of the two volumes that make up the house.

POB_62, de 62m², se basa en la repetición de una unidad mínima de 125 por 625cm, con lo que la suma de nuevas unidades permite crear viviendas de mayores dimensiones sin modificar las características básicas del edificio.

A excepción de la base, POB_62 está construido íntegramente en madera y consta de dos volúmenes dispuestos de forma lineal. Estas dos partes están conectadas por una zona acristalada, recubierta con las mismas lamas que rematan los dos cuerpos en las fachadas abiertas. Una capa continua de madera de alerce, colocada a modo de escamas, reviste la cubierta y las fachadas opacas. El interior está revestido de aglomerado de madera, excepto el bloque central, que esconde el baño. Éste separa la zona de día de la de noche y recibe luz natural gracias a su ubicación, en correspondencia del punto de unión de los dos volúmenes que conforman la vivienda.

The porches, protected by a structure of slats, were conceived as a space of transition between the open landscape and the interior of the house.

Los porches, protegidos por una estructura de lamas, fueron concebidos como espacio de transición entre el paisaje abierto y el interior de la vivienda.

Given the nomadic nature with which POB_62 designed the volume, easy to assemble and transport, it is raised on a metal structure that allows it to be installed on different types of terrain. One of the main characteristics of POB_62 is its optimum use of natural light.

Dado el carácter nómada con que fue planteado POB_62, el volumen, fácil de montar y de transportar, se eleva sobre una estructura metálica que permite instalarlo en diferentes tipos de terreno. Una de las principales características de POB_62 es su óptimo aprovechamiento de la luz natural.

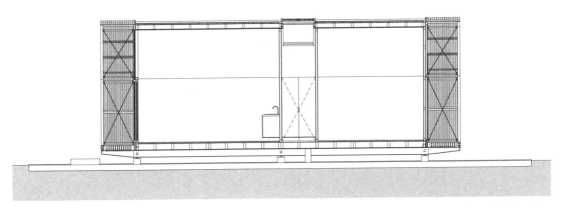

Longitudinal section

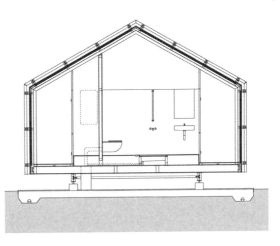

Cross section

LAKE HOUSE

Casey Brown Architecture
Port Stephens, Australia
© Rob Brown

This summer house, built on a deck to avoid floods, is comprised of seven pavilion-like sections, set around a central passage finished off by a large open fireplace. Access is by two ramps, one facing the lake and the other, the woodland.

The sections are organised according to their various uses in the home. This configuration is determined by the location on the shores of the lake, the local climate and the need to regulate the temperatures. The sections collect and store water (some of which is retained in a fire-prevention tank) and the resulting rubbish is recycled. The sliding partitions and large openings in the pavilions allow the breeze to enter the house and the double sided fireplace provides heat for the main rooms. All the wood is in a greyish shade which contrasts with the colour of the surrounding trees.

Esta casa de veraneo, levantada sobre una plataforma para evitar inundaciones, está formada por siete pabellones que rodean un pasaje central coronado por una gran chimenea abierta. El acceso se realiza mediante dos rampas: una orientada hacia el lago y la otra, al bosque. Los pabellones están organizados según los distintos usos de la vivienda. Esta configuración viene determinada por la ubicación junto a la orilla del lago, el clima de la zona y la necesidad de regular las temperaturas. Los pabellones recogen y almacenan el agua (parte de la cual se reserva en un depósito antiincendios), y la basura generada se recicla. Los tabiques deslizantes y las amplias aberturas de los pabellones permiten la entrada de la brisa marina en la casa y la doble chimenea calienta los espacios principales. Toda la madera tiene un color grisáceo que contrasta con el de los árboles de los alrededores.

1 Master bedroom
2 Bathroom
3 Kids bedroom
4 Courtyard
5 Fireplace
6 Living room
7 Kitchen / dining room
8 Guest room
9 Water tank
10 Boatshed

Floor plan

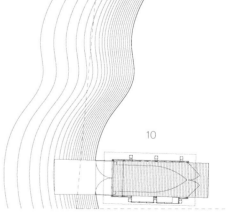

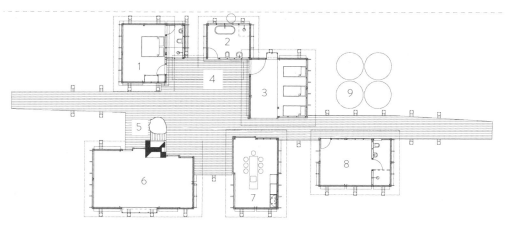

This plot presented a double challenge: the frequent floods recorded in the area and the risk of fires due to the abundance of shrubbery. For this reason, the choice went to a structure built using recycled materials and a wood with fire protection treatment. The house has been built on a deck to avoid the frequent floods in the area. The structure is supported by pillars which are driven a metre into the ground.

El solar planteaba un doble desafío: las frecuentes inundaciones registradas en la zona y el peligro de incendios debido a la presencia de numerosos arbustos. Por ello, se ha optado por utilizar una estructura de materiales reciclados y una madera protegida contra el fuego. Se ha instalado la casa sobre una plataforma para evitar las frecuentes inundaciones de la zona. La estructura se apoya sobre unos pilares que se hunden un metro por debajo de la tierra.

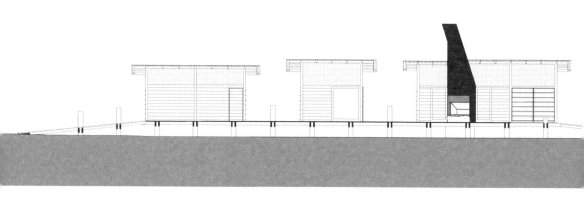

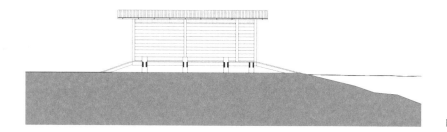

Elevations

CABIN NEXT TO THE LAKE

Bercy Chen Studio
Lago Vista, USA
© Joseph Pettyjohn

Simple house of 82m² formed by two oblique planes, base and roof, that delimit a volume of wood and glass. The concrete base, raised on the ground, supports a volume of large windows framed by a steel structure. While the access façade, covered in wood, is totally opaque, the rest opens up to the panorama of the cedar forest that surrounds the house. Inside, the polished concrete paving contrasts with the wood of the walls and ceiling. Living room, kitchen and bedroom share a single space, while the only interior wall hides the bathroom. The combination of wood and glass allows the house blend perfectly into the wooded environment. Thanks to the inclination of the roof, the house makes the most of the hours of sunshine.

Vivienda sencilla de 82m² formada por dos planos oblicuos –base y cubierta– que delimitan un volumen de madera y cristal. La base de hormigón, elevada sobre el terreno, sustenta un volumen de grandes ventanales enmarcados por una estructura de acero. Mientras que la fachada de acceso, revestida de madera, es totalmente opaca, el resto se abre al panorama del bosque de cedros que rodea la vivienda. En el interior, el pavimento de cemento pulido contrasta con la madera de paredes y techo. Sala, cocina y dormitorio comparten un solo espacio, mientras que la única pared interior esconde el baño. La combinación de madera y cristal permite que la casa se integre a la perfección en el entorno boscoso. Gracias a la inclinación de la cubierta, la vivienda aprovecha al máximo las horas de sol.

The border between interior and exterior is blurred by the continuity of the floor, in polished cement, and by the large openings in the south perimeter.

La frontera entre interior y exterior queda difuminada por la continuidad del solado, en cemento pulido, y por las grandes aberturas del perímetro sur.

Plant

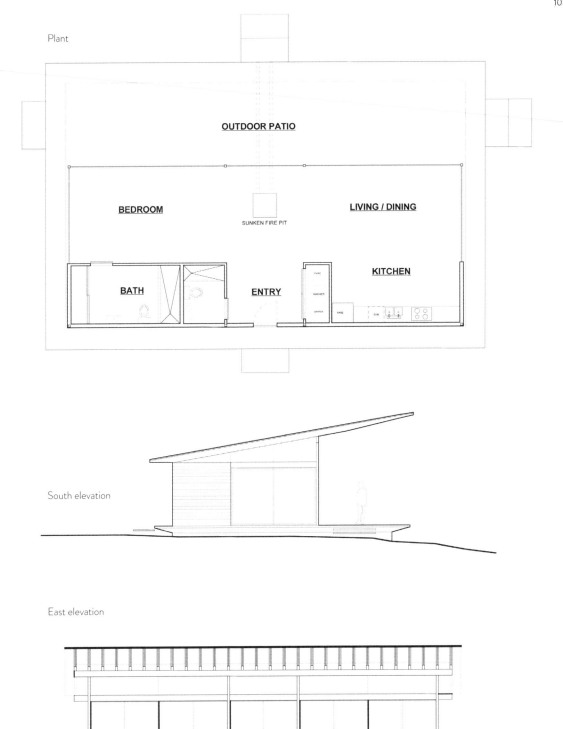

OUTDOOR PATIO

BEDROOM

SUNKEN FIRE PIT

LIVING / DINING

KITCHEN

BATH

ENTRY

HVAC

WASHER

DRYER

FRIG

South elevation

East elevation

WESTERN SUN HOUSE

Taylor Smyth Architects
Lake Simcoe, Canada
© Ben Rahn/A-Frame

This cabin rests on a wooden platform that extends as a terrace and that is also the base of the outdoor shower. A cladding of cedar slats protects against the sun, since three of its four walls are made of glass. The distance between the slats increases in randomly chosen points, which gives the occupants an almost abstract composition of sky, vegetation and water. Also, the large opening of the screen located in front of the bed allows you to enjoy the sunset from the inside.

Esta cabaña descansa sobre una plataforma de madera que se extiende a modo de terraza y que también es la base de la ducha al aire libre. Un revestimiento de listones de cedro protege del sol, ya que tres de sus cuatro paredes son de cristal. La distancia entre los listones aumenta en puntos escogidos al azar, lo que proporciona a los ocupantes una composición casi abstracta de cielo, vegetación y agua. Asimismo, la gran abertura de la pantalla ubicada frente a la cama permite disfrutar de la puesta de sol desde el interior.

As the afternoon progresses the sun that slips in through the openings in the façade creates a changing interplay of light and shadow inside the house.

A medida que la tarde avanza, el sol que se filtra por las aberturas de la fachada crea un juego cambiante de luces y sombras en el interior de la vivienda.

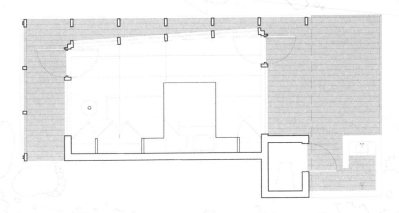

Site plan

Section

IT HOUSE

Taalman Koch
California, USA
© Art Gray

The It House, a small open plan home with glazed walls, has been developed through an engineering system which reduces construction waste to the minimum. The house sections arrive at the construction site, ready cut and with instructions for assembly. Being small and light, they have also been designed to make it possible for just two people to complete the construction in little more than two weeks.

Despite this property's large glazed areas, high energy efficiency is achieved through passive conditioning, in other words, the direction the house is facing, the cross ventilation, the low consumption equipment and the solar panels. These panels are incorporated into the house design and positioned over the central patio to provide shade in summer. In the winter these same panels provide the necessary energy for the electricity and the radiant floor heating.

La It House, una pequeña vivienda de paredes acristaladas y planta libre, ha sido desarrollada como un sistema de ingeniería que minimiza al máximo los desechos de construcción. Los componentes de la vivienda llegan a la zona de construcción cortados y con indicaciones acerca de su montaje. Además, han sido diseñados para que con solo dos personas sea posible completar la obra en poco más de dos semanas, ya que son pequeños y livianos.

Pese a las grandes superficies de cristal de la vivienda, se consigue una gran eficiencia energética mediante el acondicionamiento pasivo, es decir, la orientación de la vivienda, la ventilación cruzada, los aparatos de bajo consumo y los paneles solares. Se han colocado estos paneles –integrados en el diseño de la casa– sobre el patio central para proporcionar sombra durante el verano. En invierno éstos proveen de la energía necesaria para el funcionamiento del sistema eléctrico y el suelo radiante.

In winter the house is heated by a radiant floor heating system which works off solar energy and wood stoves. In summer the house is cooled by external shades, curtains and a passive cooling system.

En invierno la casa se calienta mediante el suelo radiante –que funciona con energía solar– y las estufas de leña. En verano se mantiene fresca mediante pantallas exteriores, las cortinas y un sistema de enfriamiento pasivo.

Site plan

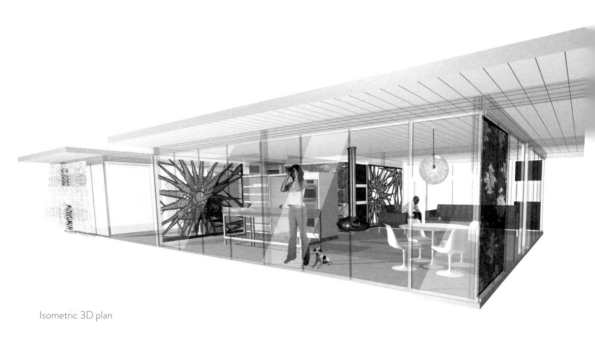

Isometric 3D plan

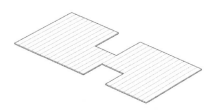

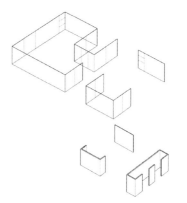

Axonometric view

M LIDIA HOUSE

RCR Architects
Gerona, Spain
© Hisao Suzuki

The M. Lidia house was finished in a workshop as a prefabricated house. Two partial sections interrupt the cube-shaped volume and define the individual seating areas that way. The architects opted for a prefabricated design in this house for a young couple on a limited budget.

Therefore, the box-like structure was completely finished in the workshop. The volume was later installed on low concrete walls partially sunken into the ground that in turn configure the garage.

La casa M. Lidia se terminó de construir en un taller como casa prefabricada. Dos secciones parciales interrumpen el volumen en forma de cubo y definen de este modo las zonas de estar individuales. Los arquitectos optaron por un diseño prefabricado para esta casa destinada a una joven pareja que contaba con un presupuesto limitado.

Por esta razón, la estructura en forma de caja fue completamente terminada en el taller. El volumen fue posteriormente instalado sobre unas paredes bajas de hormigón parcialmente hundidas en el suelo que a su vez configuran el garaje.

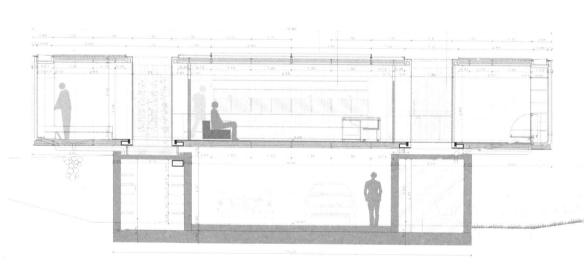

Longitudinal section

The simple geometric structure of the foundations of the house is interrupted in its transparent elevation by two partial section cuts. Depending on the angle of sight, the house can be seen as a single volume or as a three-part structure, because the cuts do not interrupt the building completely. The cuts define the interior living areas without the compact walls interrupting the light appearance of the construction.

La sencilla estructura geométrica de los cimientos de la casa queda interrumpida en su elevación transparente por dos cortes parciales de sección. Dependiendo del punto de mira, la casa puede apreciarse como un solo volumen o también como una estructura en tres partes, pues los cortes no interrumpen la edificación por completo. Los cortes definen las zonas de estar interiores sin que las paredes compactas interrumpan la apariencia ligera de la construcción.

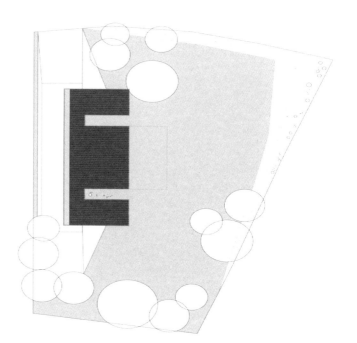

Site plan

As the landscape was so disparate, the architects decided to build a blind wall on the north façade of the house and use glass in the south, allowing connection to the outside world.

Como el paisaje era tan dispar, los arquitectos decidieron construir una pared ciega en la fachada norte de la casa y utilizar cristal en la sur, lo que permite la conexión con el mundo exterior.

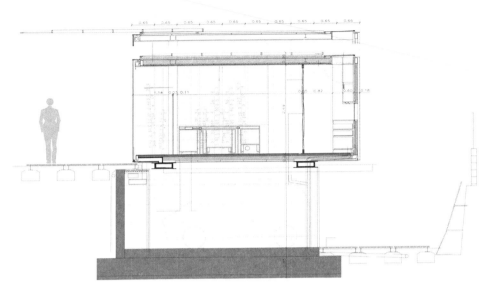

Cross section

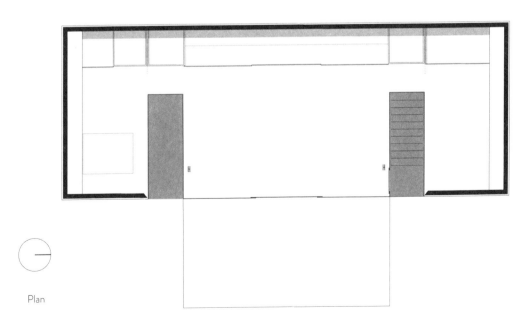

Plan

MODERN CABANA

Casper Architects
Throughout the USA
© Bruce Damonte

These prefabricated houses have been designed to meet the needs of people looking for small places to live or to for those who need extra space at home, albeit in a relatively short time. Available in standard sizes of 10x10m, 10x12m, 10x16m and 10x25m, designed to be installed quickly and at a very low cost. The modular prefabricated structures allows various units to be assembled together to increase surface areas from 10 to 90m².

The prefabricated units are built using environmentally friendly techniques and materials such as FSC timber (produced under forestry control), recycled denim insulation, non-toxic paint and natural finishes. The design allows for a reduction in energy consumption in climatization as a result of natural ventilation. Similarly, on site building waste is almost inexistent due to the optimum design and the use of standard sized materials.

Estas viviendas prefabricadas han sido diseñadas para satisfacer a personas que buscan espacios pequeños o necesitan disponer, en poco tiempo, de un espacio adicional para sus casas. Presentan unas medidas estándar de 10x10m, 10x12m, 10x16m y 10x25m, y han sido concebidas para ser instaladas de forma rápida y con un coste muy bajo. Su estructura modular prefabricada permite que varias unidades se ensamblen para aumentar la superficie de 10 a 90m².

Para su construcción se han empleado técnicas y materiales que respetan el medio ambiente, como la madera FSC (producida bajo un control de explotación), el aislamiento con tela denim reciclada, la pintura no tóxica y los acabados naturales. El diseño permite reducir el consumo energético en el acondicionamiento climático gracias a una ventilación natural. Asimismo, los desperdicios de la construcción son casi inexistentes gracias a la optimización de la perfilería y al uso de materiales de tamaño estándar.

Elevations

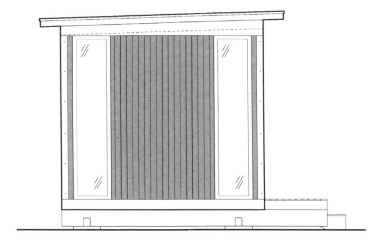

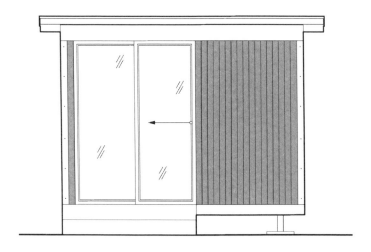

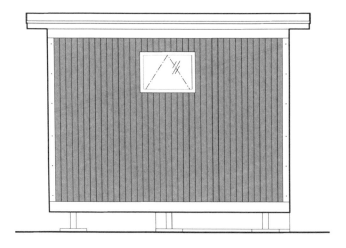

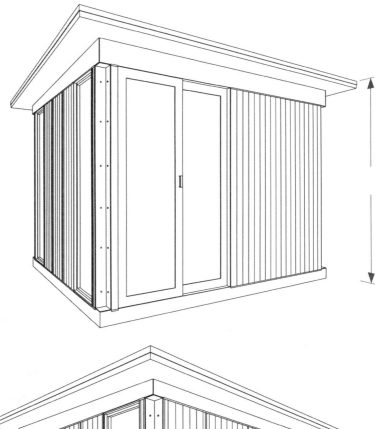

Sections

These compact homes have a suitable floor plan designed to allow the surface area to be extended from 10 to 90m².

El plano de estas viviendas compactas está concebido para que sea posible extender la superficie que ocupa la estructura de 10 a 90m².

COUNTRY HOUSE IN ZAMORA

Javier de Antón Freile
Zamora, Spain
© Esaú Acosta Pèrez

The plot is shaped like the trunk of a long pyramid in plan, it is almost flan and it measures 2HA. It is divided in two parts, one, on the north side, covered by a vineyard, and the other, on the lower south side, where there are both deciduous (chestnuts, walnuts) and evergreen trees (pines and holm oaks).

The house is conceived attending sustainable concepts such as: green flat roof (planted with low water consumption plants), insulated sliding shutters and awnings (that open or close depending on weather conditions), crossed ventilation (openings in the concrete allow for ventilation in both North-South and East- West directions) and economic construction (the architect has been also the home builder, has sought at all time, simple construction and local solutions).

Two interior elements, bathrooms, installations and kitchen, divide the house in a living room at the centre and two bedrooms, one on each end. The openings in the concrete volume form two visual axis shaped like a cross, one transversal across the living and another longitudinal that links the bedrooms. At the same time, the pool area, intersected with the volume of the house, enhances the continuity between the inside and the outside.

La finca tiene una forma trapezoidal, prácticamente plana y con una extensión de 2HA. Se divide en dos partes, una, en la zona norte, donde se dispone un viñedo y la otra, en la parte baja, sur, en la que hay una zona de árboles, de hoja caduca, (castaños, nogales, etc.) como de hoja perenne (pinos y encinas).

La vivienda se concibe desde el inicio, con criterios de sostenibilidad, los más destacados, son los siguientes: cubierta vegetal (compuesta por plantas crasas, de bajo consumo de agua), contraventanas correderas aislantes y toldos solares (se abren o cierran en función de la época del año y de la situación del sol), ventilación cruzada (las aperturas en el volumen de hormigón provocan dos líneas de ventilación, una, norte-sur y la otra este-oeste) y construcción económica (el arquitecto ha sido también el constructor de la vivienda, se ha buscado en todo momento, soluciones constructivas simples y locales).

Dos piezas interiores, baños, instalaciones y cocinas, distribuyen el espacio interior en una zona central de salón-comedor y dos dormitorios en los laterales. Las aperturas del volumen de hormigón, producen dos ejes visuales en forma de cruz, uno transversal, a través del salón, y el otro, longitudinal, une los dos dormitorios. Por otro lado, la zona de la piscina se macla con el volumen de la vivienda, en la zona central acristalada, produciendo un efecto de continuidad exterior-interior.

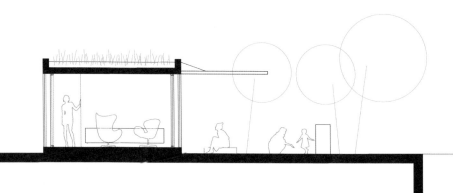

Section

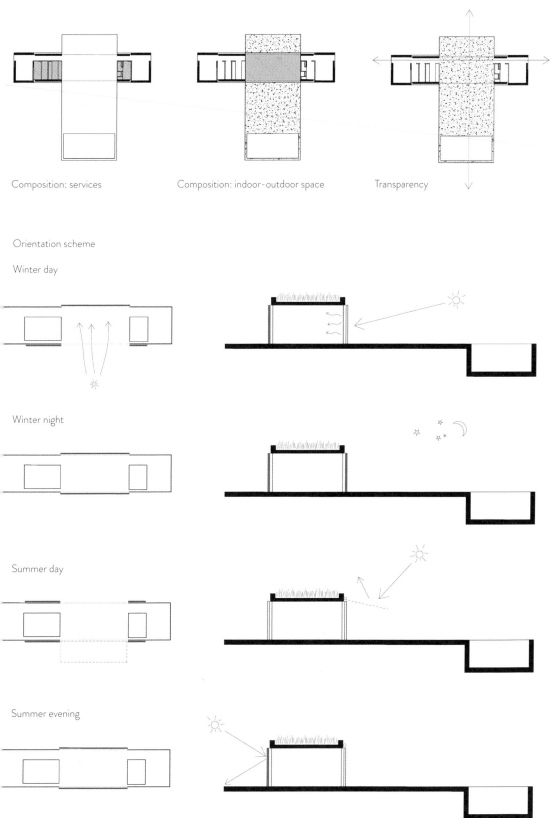

Composition: services

Composition: indoor-outdoor space

Transparency

Orientation scheme

Winter day

Winter night

Summer day

Summer evening

Plan